ЭКСПЕРИМЕНТАЛЬНОЕ ИССЛЕДОВАНИЕ ГОРЕЛЫХ МАТЕРИАЛОВ, ОЧИЩЕННЫХ ОТ ГЛИНИСТЫХ ГРУНТОВ

Субхашиш Дей

ЭКСПЕРИМЕНТАЛЬНОЕ ИССЛЕДОВАНИЕ ЗОЛЬНЫХ МАТЕРИАЛОВ, ОЧИЩЕННЫХ ОТ ГЛИНИСТЫХ ГРУНТОВ

ЭКСПЕРИМЕНТАЛЬНЫЙ АНАЛИЗ ВЛИЯНИЯ РЕЗУЛЬТАТОВ КБР НА ОЧИЩЕННЫЕ ЗОЛОЙ ГЛИНИСТЫЕ ГРУНТЫ

ScienciaScripts

Imprint

Any brand names and product names mentioned in this book are subject to trademark, brand or patent protection and are trademarks or registered trademarks of their respective holders. The use of brand names, product names, common names, trade names, product descriptions etc. even without a particular marking in this work is in no way to be construed to mean that such names may be regarded as unrestricted in respect of trademark and brand protection legislation and could thus be used by anyone.

Cover image: www.ingimage.com

This book is a translation from the original published under ISBN 978-620-7-46540-8.

Publisher:
Sciencia Scripts
is a trademark of
Dodo Books Indian Ocean Ltd. and OmniScriptum S.R.L publishing group

120 High Road, East Finchley, London, N2 9ED, United Kingdom
Str. Armeneasca 28/1, office 1, Chisinau MD-2012, Republic of Moldova, Europe

ISBN: 978-620-7-27494-9

ПРЕДЛОЖЕНИЕ КНИГИ

ЭКСПЕРИМЕНТАЛЬНЫЙ АНАЛИЗ ВЛИЯНИЯ РЕЗУЛЬТАТОВ КБР НА ОЧИЩЕННЫЕ ЗОЛОЙ ГЛИНИСТЫЕ ГРУНТЫ

ПРЕДСТАВЛЕНЫ

Д-р Субхашиш Дей

ДОЦЕНТ

ФАКУЛЬТЕТ ГРАЖДАНСКОГО СТРОИТЕЛЬСТВА

ИНЖЕНЕРНЫЙ КОЛЛЕДЖ ГУДЛАВАЛЛЕРУ

(Автономный институт с постоянной принадлежностью к JNTUK)

ДЕРЕВНЯ ЗНАНИЙ СЕШАДРИ РАО

ГУДЛАВАЛЛЕРУ-521 356

АНДХРА-ПРАДЕШ

БЛАГОДАРНОСТЬ

С чувством глубокой признательности мы искренне благодарим **доктора Субхашиш Дей,** доцента, за ее поддержку, предложения, приверженность и преданность на протяжении всего проекта. Его безусловная забота, тщательный контроль, блестящая интерпретация и веселая мудрость дали нам необходимое вдохновение. Мы остаемся в долгу перед ним за необыкновенную заботу и внимание, которыми она нас одарила.

Мы выражаем огромную благодарность **доктору А. Сринивасулу,** заведующему кафедрой гражданского строительства, за его поддержку на протяжении всей стажировки. Его замечания и критика способствовали успешному завершению проекта.

Мы хотели бы воспользоваться возможностью и выразить глубокую признательность нашему директору

Д-р Г.В.С. Н.Р.В. Прасад за предоставление всех необходимых условий.

Мы искренне и от всего сердца благодарим **доктора SRK Reddy,** профессора кафедры гражданского строительства и советника руководства, за его ценную поддержку и предложения, которые очень помогли в написании отчета.

Наконец, мы хотели бы поблагодарить всех, кто прямо или косвенно помог мне завершить наш отчет.

ОГЛАВЛЕНИЕ

АБСТРАКТ

Глинистый грунт с низкой прочностью на сдвиг и высокой сжимаемостью не может быть использован для подстилающего слоя, поскольку его значение CBR не соответствует допустимым нормам. Поэтому его необходимо модифицировать, если требуется использовать для подстилающего слоя под дорожным покрытием. Для модификации необходима техника стабилизации или модификации грунта. В связи с этим мы пытаемся изменить его свойства, чтобы использовать в качестве материала для подстилающего слоя. Здесь мы используем золу-унос в качестве добавки для стабилизации и улучшения свойств. Было предпринято много попыток использовать золу, здесь мы пытаемся изучить стабилизацию золы в период твердения, так как зола используется в качестве заменителя цемента в бетоне, который набирает прочность при твердении.

ГЛАВА 1

ВВЕДЕНИЕ

GENERAL

Гражданское строительство - это профессиональная инженерная дисциплина, которая занимается проектированием, строительством и обслуживанием физической и природной среды, включая такие объекты, как дороги, мосты, каналы, плотины и здания. Все они построены на грунте или скале, в них или с их помощью. Поведение грунта и горных пород в месте реализации любого проекта оказывает большое влияние на успех, экономичность и безопасность работ. Почвы в основном имеют экспансивную природу. Они занимают примерно пятую часть территории страны. Эти почвы представляют собой остаточные отложения, образовавшиеся из базальтовых или трапповых пород. Они содержат значительное количество монтмориллонита. Эти почвы очень твердые в сухом состоянии, но теряют свою несущую способность, когда на них попадает вода. Они обладают высокими характеристиками усадки и набухания. Из-за своих набухающих свойств они не выдерживают больших нагрузок. Чтобы противостоять большим нагрузкам, его свойства могут быть изменены. При этом увеличивается толщина покрытия, что нерентабельно. Для того чтобы уменьшить толщину покрытия, необходимо увеличить значение CBR. Калифорнийский коэффициент несущей способности (CBR) - это мера сопротивления материала проникновению стандартного плунжера в условиях контролируемой плотности и влажности. Это испытание может проводиться в лабораторных условиях на восстановленных или ненарушенных образцах. На сегодняшний день существует множество методов, использующих в основном значения испытаний CBR для расчета требуемой толщины дорожного покрытия. Чтобы уменьшить толщину дорожного покрытия, мы собираемся увеличить значение CBR путем стабилизации грунта с помощью таких материалов, как песок и известь.

CLAY

Глина - это тип почвы, который известен как легкий агрегат с округлой структурой с пористым внутренним, и устойчивым и твердым внешним слоем. Именно глина или почва склонна к большим изменениям объема, которые напрямую связаны с изменением содержания воды, почва с высоким содержанием экспансивного минерала может образовывать глубокие трещины в более сухой сезон или год Такие почвы называются вертисолями. Почвы со смектитовым глинистым минералом, включая монтмориллонит и бентонит, имеют наиболее резкую усадочную способность набухания. Минеральный состав этого типа почв отвечает за влагоудерживающую способность. Все глины состоят из минеральных листов, упакованных в слой, и могут быть классифицированы как 1:1 или 2:1. Эти соотношения относятся к доле тетраэдрического листа в глинах 2:1.

В то время как в глинах 1:1 листы расположены парами. Дорогие глины имеют расширяющуюся кристаллическую решетку в соотношении 2:1, однако существуют и неэкспансивные глины 2:1. Другой важной характеристикой экспансивной глины является ее уязвимость к физическим изменениям в зависимости от количества воды. Например, во влажный сезон глина способна разбухать, а в сухой - сжиматься и образовывать трещины. Керамзит получают путем нагревания различных видов глины при температуре около 1200° С, используя вращающуюся печь. Главной характеристикой керамзита является плотность, в три раза меньшая, чем у обычного заполнителя. Этот вид керамзита имеет свойство, которое не очень часто встречается в легких заполнителях, так как он обладает высокой способностью к тепло- и звукоизоляции, что очень важно для гражданского строительства, а также использование этого материала экономически выгодно, кроме того, керамзит очень консистентный и он более устойчив при высокой температуре, чем обычный заполнитель, он имеет более высокое водопоглощение. В нем содержится алюминий, кремнезем, кислород и железо. Использование керамзита экономически целесообразно, особенно при производстве бетона, так как он снижает насыпную плотность и при этом минимизирует вес инструмента для строительства. Можно сделать вывод, что использование керамзита очень важно в гражданском строительстве, благодаря его общему весу, стоимости и обслуживанию.

ПРОБЛЕМЫ С ГЛИНИСТОЙ ПОЧВОЙ

Глинистые почвы, так называемые "набухающие почвы или экспансивные почвы", содержат глинистые минералы, которые притягивают и поглощают воду. В результате эти почвы расширяются при намокании и сжимаются при высыхании. Другие названия, используемые для описания этих типов почв, включают экспансивные, усадочные и набухающие "бентонитовые, пучащиеся или неустойчивые, вызывающие все типы проблем экспансивных почв. В районах, где предполагается наличие экспансивных грунтов, закон может потребовать проведения испытаний грунта перед началом строительства на конкретном участке. Инженер-геотехник обычно делает это, беря пробы грунта и подвергая их лабораторным испытаниям. Такие испытания дают два основных измерения, используемых для описания степени, в которой грунт может быть описан как набухающий. Первый "потенциал набухания" указывает на степень, в которой грунт может расширяться при увлажнении и может быть описан как никакой, низкий умеренный, высокий или высокий. Второе "давление набухания" указывает на величину давления, оказываемого почвой, в фунтах на квадратный фут, на соседний твердый объект при увлажнении.

Когда экспансивные грунты становятся влажными и расширяются, возникающее при этом давление может вызвать подъем бетонных плит и фундаментных оснований, что приводит к различным повреждениям зданий и прилегающих территорий.

Эти убытки являются

➢ Растрескивание и вспучивание бетона, включая гаражи, подъездные пути, тротуары, патио, стены фундамента и плиты пола подвала
➢ Вода просачивается в подвал
➢ Разбитые трубы и водопроводы
➢ Трещины в гипсокартоне внутри помещений
➢ Заклеивание дверей и окон

Размер частиц в соответствии с I. S. CODE 1498 показан ниже:

Таблица 1.1 Распределение почв

Clay	Silts			Sands			Gravels
	Fine	Medium	Coarse	Fine	Medium	Coarse	
< 0.002mm	0.002mm	0.006mm	0.02mm	0.075mm	0.2mm	0.6mm	4.75mm-75mm

ВАЖНОСТЬ НАСТОЯЩЕГО ИССЛЕДОВАНИЯ

Необходимо изучить свойства грунта, используемого для строительных работ. Экспансивные грунты по своей природе являются одними из проблемных грунтов, которые имеют низкую прочность и высокий потенциал к усадке или набуханию из-за изменения содержания влаги, что делает их использование в строительстве очень сложным. Такие грунты наносят более значительный ущерб, чем даже стихийные бедствия. Эти грунты встречаются практически на всех континентах Земли. Разрушительные результаты, вызванные этим типом почв, были зарегистрированы во многих странах. В Индии экспансивными почвами покрыты большие площади. Эти почвы занимают площадь около 2 00 000 квадратных миль, что составляет 20,25 % от общей площади Индии.

ОБЛАСТЬ ПРИМЕНЕНИЯ И ЦЕЛИ НАСТОЯЩЕГО ИССЛЕДОВАНИЯ

Объем и цель настоящего исследования - изучить некоторые свойства грунта для строительства с использованием нормальной воды на основе условий характеристик уплотнения, пределов жидкости и пластика и параметров прочности грунта, а также изучить возможность использования грунта для строительства тротуаров на основе условий характеристик уплотнения и поведения CBR грунта.

Второй целью настоящего исследования является изучение возможности использования летучей золы для стабилизации почвы. Предполагается получить оптимальную золу с точки зрения характеристик уплотнения и CBR.

Для достижения целей настоящего исследования почва была получена из деревни Кавутарам, округ Кришна. На этих почвах была проведена серия испытаний путем смешивания их с различными пропорциями летучей золы. Подробности серии проведенных испытаний представлены в последующих главах.

ВАЖНОСТЬ СТАБИЛИЗАЦИИ

Стабилизация грунта - это общий термин, обозначающий любой физический, химический, биологический или комбинированный метод изменения естественного грунта для достижения инженерных целей. Стабилизация - это процесс улучшения свойств грунта путем изменения его градации. Улучшения включают в себя увеличение несущей способности и производительности грунтов, песка и других отходов для укрепления дорожных покрытий.

Основная цель стабилизации грунта - улучшить калифорнийский коэффициент несущей способности грунта в 4-6 раз. Другая основная цель стабилизации грунта - улучшение материалов на месте строительства для создания надежного и прочного основания и фундаментов.

В некоторых регионах мира, как правило, в развивающихся странах, а теперь все чаще и в развитых, стабилизация грунта используется для строительства всей дороги. В прошлом для стабилизации грунта использовались вяжущие свойства глинистых почв, продукты на основе цемента, такие как грунтовый цемент, и/или технология "трамбовки" (уплотнение) и известь.

Среди возобновляемых технологий - ферменты, поверхностно-активные вещества, биополимеры и синтетические полимеры, продукты на основе сополимеров, сшивающие стирол-акриловые полимеры, древесные смолы, ионные стабилизаторы, армирующие волокна, хлорид кальция, кальцит, хлорид натрия и хлорид магния. Некоторые из этих новых методов стабилизации создают гидрофобные поверхности и массы, которые предотвращают разрушение дороги от проникновения воды или сильных морозов, препятствуя проникновению воды в обработанный слой. Однако последние технологии позволили увеличить количество традиционных добавок, используемых для стабилизации грунта. К таким нетрадиционным стабилизаторам относятся: Продукты на основе полимеров (например, сшивающие стирол-акриловые полимеры на водной основе, которые значительно повышают несущую способность и прочность на растяжение обработанных грунтов); Продукты на основе сополимеров, армирующие волокна, хлорид кальция и хлорид натрия.

МЕТОДЫ СТАБИЛИЗАЦИИ

Механическая стабилизация

Это процесс улучшения свойств почвы путем изменения ее градации. Два или более типов природных почв смешиваются для получения композитного материала, который превосходит любой из своих компонентов. Чтобы добиться желаемой градации, иногда добавляют грунты с крупными частицами или удаляют грунты с мелкими частицами. Заполнители состоят из прочных, хорошо отсортированных, угловатых частиц песка и гравия, которые обеспечивают внутреннее трение и несжимаемость грунта.

Связующие вещества обеспечивают связность и непроницаемость почвы. Они состоят из ила и глины. Качество вяжущего должно быть достаточным для обеспечения пластичности грунта, но не должно вызывать его вспучивания. Правильное смешивание заполнителей и вяжущих веществ производится для того, чтобы добиться требуемой деградации смешанного грунта. Смешанный грунт должен обладать как внутренним трением, так и связностью. При правильной укладке и уплотнении материал должен быть обрабатываемым; смешанный грунт становится механически устойчивым. Несущая способность увеличивается. Также повышается устойчивость к изменениям температуры и содержания влаги.

Цементная стабилизация

Цементная стабилизация осуществляется путем смешивания измельченной почвы и портландцемента с водой и уплотнения смеси до получения прочного материала, полученного путем смешивания почвы и цемента, известного как грунт-цемент. Грунт-цемент становится твердым и прочным конструкционным материалом, поскольку цемент гидратируется и набирает прочность. Грунт-цемент делится на 3 категории: обычный грунт-цемент, пластичный грунт-цемент и грунт, модифицированный цементом.

ГЛАВА 2

ОБЗОР ЛИТЕРАТУРЫ

Joulani (2002) исследовал влияние каменного порошка и извести на прочность, уплотнение и CBR свойства мелкозернистых почв и обнаружил, что при добавлении извести с каменным порошком угол внутреннего трения, максимальная сухая плотность и оптимальное содержание влаги уменьшаются, а значение CBR увеличивается. Внесение мучной извести в почву также полезно в различных геотехнических областях. При добавлении извести в почву она вступает в реакцию с частицами почвы, что приводит к улучшению многих инженерных свойств почвы. Некоторые исследователи обнаружили, что прочностные характеристики грунтов значительно улучшаются после обработки известью.

Амин Эсмаил Рамаджи (2012), Грунт часто бывает слабым и не обладает достаточной устойчивостью при больших нагрузках. Целью исследования было рассмотреть стабилизацию грунта с помощью малозатратных методов. Существует несколько методов укрепления для стабилизации экспансивных грунтов. К ним относятся стабилизация с помощью химических добавок, переувлажнение, замена грунта, контроль уплотнения, контроль влажности, дополнительная нагрузка и термические методы. Недостатками всех этих методов являются их неэффективность и дороговизна. Согласно литературным данным, портландцемент, известь, летучая зола и лом шин являются недорогими и эффективными методами стабилизации грунта.

Ankit Singh Negi, Mohammed Faizaan, Devashish Pandey Siddharth, Rehanjot Singh (2013) Стабилизация грунта может быть объяснена как изменение свойств грунта химическими или физическими средствами с целью повышения инженерного качества грунта. Основной целью стабилизации грунта является увеличение несущей способности грунта, его устойчивости к процессам выветривания и проницаемости грунта. Долгосрочные характеристики любого строительного проекта зависят от надежности грунтов, лежащих в его основе. Нестабильные грунты могут создать значительные проблемы для дорожных покрытий или конструкций, поэтому методы стабилизации грунта необходимы для обеспечения хорошей стабильности грунта, чтобы он мог успешно выдерживать нагрузку от

14

надстройки, особенно в случае высокоактивных грунтов, а также это экономит много времени и миллионы денег по сравнению с методом вырезания и замены нестабильного грунта. В данной статье рассматривается полный анализ улучшения свойств грунта и его стабилизации с помощью извести.

Tarhreem & Ajantakalita (2014), была проведена программа экспериментальных испытаний для оценки влияния золы и извести на прочностные характеристики местных красных почв. Были проведены испытания на уплотнение и сжатие без упора. Зола-унос и известь были смешаны в различных пропорциях в пределах 20-80% и 2- 4% от сухого веса почвы соответственно.

Систематическое влияние летучей золы на параметры прочности связных грунтов, Мохамадреза Махмуди, Хамед Нируманд, Хайрул Ануар Кассим [2014], Фани Кумар и Шарма [8] изучали влияние летучей золы на изменение объема высокопластичной экспансивной глины и экспансивной глины с низкой пластичностью. Было оценено влияние летучей золы на индекс свободного набухания, потенциал набухания и давление набухания экспансивных глин. Кроме того, были определены индекс сжатия и характеристики вторичной консолидации обеих глин. Результаты показали, что потенциал набухания и давление набухания при определении в томе 19 [2014], Bund. Z6 17558 постоянной сухой удельной массе смеси уменьшались, а при определении при постоянной массе глины - увеличивались. Показатель сжатия и коэффициент вторичной консолидации обеих глин уменьшились при добавлении золы. Таким образом, оседание конструкций, построенных на этой стабилизированной глине, уменьшилось, а консолидация произошла за более короткое время. Кроме того, максимальный сухой вес блока увеличился, а оптимальное содержание влаги уменьшилось с увеличением содержания золы.

Уплотнение и прочность смеси летучей золы с глиной, Акаш Приядарши, Арвинд Кумар, ASCE, Дипак Гупта и Панкадж Пушкарна, Использование добавок для улучшения инженерного поведения грунта - популярная техника улучшения грунта. Фляш и шинная крошка - это промышленные отходы, которые могут быть использованы для улучшения инженерных характеристик грунта. В настоящем исследовании изучены характеристики уплотнения и прочности каолиновой глины, смешанной с отходами шин и летучей золой отдельно и в комбинированных формах. Для оценки уплотнения использовался модифицированный тест Проктора, а для оценки прочности проводились испытания на калифорнийский коэффициент несущей способности (CBR). Результаты испытаний показали, что при включении летучей золы и шинной крошки максимальная сухая плотность уменьшается, а оптимальное содержание влаги увеличивается. В случаях, когда зола и шинная крошка использовались отдельно, наблюдалось максимальное пятикратное и трехкратное улучшение значений CBR, соответственно. Но когда зола и шинная крошка использовались вместе в качестве добавок, наблюдалось 10-кратное улучшение значения CBR глины.

Влияние мраморной пыли и летучей золы на глинистую почву Опубликовано De Gruyter 28 мая 2013 г., Использование отходов в качестве добавки при стабилизации почвы получило широкое распространение. Это важно с точки зрения утилизации отходов и снижения загрязнения окружающей среды. Цель данного исследования - изучить возможность полезного повторного использования мраморной крошки и летучей золы для стабилизации почвы. Испытания проводились на глинистых почвенных смесях с добавлением мраморной пыли и летучей золы. Мраморная пыль использовалась в качестве активатора, так как зола-унос была недостаточна для самоцементирования. Были проведены испытания на прочность при сжатии без ограничения (qu), замораживание-оттаивание, набухание и калифорнийский коэффициент несущей способности (CBR) для изучения влияния мраморной пыли и летучей золы, времени отверждения и содержания воды для формования на геотехнические параметры. Добавление мраморной пыли и летучей золы увеличило прочность на сжатие без ограничения, CBR и прочность при замораживании-оттаивании, но эти добавки снизили потенциал набухания и потерю зерна после замораживания-оттаивания. Увеличение времени твердения приводит к повышению прочности смесей и снижению потерь зерна. Таким образом, данное исследование показывает, что геотехнические свойства глинистого грунта улучшаются при добавлении мраморной крошки и летучей золы. Это экономичное и экологически безопасное решение.

Влияние летучей золы на геотехнические свойства и стабильность грунта
Мохаммед Фейсал Ноаман, М.А. Хан, Каусар Али, Амер Хассан, декабрь
2022 г. В следующих замечаниях обобщаются замечательные инженерные
свойства добавки отходов летучей золы и других добавок к грунту и
подчеркивается ее эффективность как устойчивого решения, которое может
быть использовано в строительстве: Смешивание почвенной глины с летучей
золой приводит к более раннему вторичному уплотнению, чем
необработанная почвенная глина. В инженерных целях это означает, что
оседание грунта под конструкциями не только уменьшается, но и достигается
за более короткий период. В ходе исследования автор обнаружил, что
стабильность почвы находится в диапазоне (от 15 % до 25 %) для различных
типов почвы. В то время как процент улучшения после 30 % незначителен и
не соответствует размеру увеличения доли летучей золы. Обработка
глинистой почвы отходами ФА улучшает параметры консолидации почвы.
Это улучшение несжимаемости почвы объясняется пуццолановым действием
ФА. Зола класса C была более эффективна в отношении характеристик
стабильности почвы, чем зола класса F, благодаря лучшим цементирующим
свойствам золы класса C из-за высокого содержания кальция в золе класса C.
Смесь почвы и летучей золы в чрезвычайно компактной почве часто снижает
коэффициент связности и повышает угол внутреннего трения. Повышение
связности почвы может быть обусловлено составом почвы в сочетании с
летучей золой и ее свойствами. Результат использования рисовой шелухи
показал значительное улучшение коэффициента консолидации Cv из-за того,
что пористость и плотность золы рисовой шелухи были ниже, чем у
природной почвы. Индекс свободного набухания снизился на 29 % и 50,32 %,
а потенциал набухания - на 80,4 % и 32,7 % при увеличении содержания
мелкого песка и летучей золы от 0 до 25 % в экспансивной глинистой почве
соответственно. При увеличении содержания мелкого песка в смеси с 0 до 25
% давление набухания снизилось на 84,6 %, в то время как содержание
летучей золы не оказало никакого влияния. Значение CBR эквивалентно 10-
кратному первоначальному значению при добавлении ФА в количестве 16 %
по весу, но эффект не такой хороший, как при использовании свободной
извести. Увеличение CBR в зависимости от количества ФА может быть
связано с пуццолановым поведением ФА. Добавление ФА в почву влияет на

коэффициент межчастичной пустотности, что увеличивает проницаемость. Было обнаружено, что коэффициент проницаемости уменьшается с увеличением количества летучей золы; также существует прямая зависимость между периодом обработки и увеличением значения проницаемости. При увеличении количества цемента в почве содержание влаги увеличивалось, а сухая плотность уменьшалась. Кроме того, прочность на сжатие увеличивалась с увеличением количества добавленного в почву цемента. Результаты исследования показали, что инженерные свойства цементно-грунтовых образцов значительно улучшились после добавления цемента. Кроме того, когезия цементного грунта увеличивалась с увеличением времени твердения. Однако влияние на угол внутреннего трения было незначительным. Добавки цемента и извести положительно влияют на геотехнические свойства и стабильность экспансивного грунта.

Gayesh Panchal & Avinash Kumar (2015), конструкция различных слоев дорожных покрытий в значительной степени зависит от прочности грунта, на который они будут укладываться. Прочность грунта также зависит от основных свойств грунта. Прочность грунта чаще всего выражается в CBR (Калифорнийский коэффициент несущей способности). Слабый грунт требует более толстых слоев, в то время как более прочный грунт хорошо сочетается с более тонкими слоями покрытия.

Джеймс Александер (2016), Многие исследователи работают с различными типами добавок для улучшения механических и прочностных свойств бетона. В данном исследовании красная земля используется в качестве добавки для улучшения характеристик бетона. Проведено экспериментальное исследование для изучения поведения бетона при замене мелкого заполнителя на местную красную почву.

Pragyan Mishra & PSuresh ChandraBabu (2017), Красные почвы занимают значительную часть территории Индии. Эти почвы встречаются в районах с малым количеством осадков и не способны удерживать влагу. Из-за высокого содержания железа эти почвы имеют красный цвет. Красный грунт обладает меньшей прочностью по сравнению с другими грунтами из-за своей пористой и рыхлой структуры. Чтобы улучшить инженерные и прочностные свойства сероземов, можно провести стабилизацию почвы, добавив в нее некоторые добавки.

P.V.VSatyanarayana & Gopala Krishnan Vaidyanathan & P.S.Naidu (2018)
Северные прибрежные районы штата Андхра-Прадеш, Индия, были связаны с
рядом промышленных инфраструктурных проектов. Красные гравийные
грунты являются перспективным геотехническим строительным материалом,
который может широко применяться в гражданском строительстве, особенно в
инфраструктурных проектах. В этом регионе красные гравийные грунты
являются значительными ресурсами, на которых ведется несколько
строительных работ.

Sai Harshita M (2018), Стабилизация грунта - это средство повышения
инженерных свойств грунта, таких как прочность на сдвиг, усадка-распушка
и несущая способность грунта. Она может быть использована для обработки
широкого спектра грунтов - от экспансивной глины до гранулированных
материалов. Целью данного исследования является изучение удельного веса,
пределов Аттерберга, прочности на сдвиг, поведения при уплотнении и
несущей способности грунта с использованием известкового порошка.
Известь является традиционным материалом, который использовался в
качестве строительного материала.

Ripunjoy Gogoi & Animesh Das & Partha Chakroborty (2018), Для
измерения глубины асфальтового покрытия используются различные ручные
и автоматизированные методы. Замечено, что различные методы измерения
глубины колеи дают разные значения глубины колеи даже для одного и того
же профиля покрытия. Также замечено, что при использовании базы данных
LTPP в некоторых случаях зарегистрированная глубина колеи не
увеличивается монотонно со временем, как это обычно ожидается. В
настоящей работе рассматриваются возможные причины этих расхождений.
Затем предлагается измерять глубину колеи по исходному профилю
дорожного покрытия. Это позволяет решить проблемы, связанные с
расхождениями при измерении глубины колеи.

ГЛАВА 3

ИСПОЛЬЗУЕМЫЙ МАТЕРИАЛ

ВВЕДЕНИЕ

В этой главе приводится краткое описание экспериментальных материалов, используемых для определения предела текучести, предела пластичности и других испытаний на прочность и т.д.,

ИСПОЛЬЗУЕМЫЕ МАТЕРИАЛЫ

В этом разделе подробно описаны глинистые грунты, которые используются в данном исследовании.

Глинистая почва

Глина - это самая мелкая частица среди двух других типов почвы. Частицы этой почвы плотно упакованы друг с другом, а воздушное пространство очень мало или вообще отсутствует. Эта почва очень хорошо удерживает воду и не позволяет влаге и воздуху проникать в нее. Она очень липкая на ощупь, когда влажная, но гладкая, когда высыхает. Глина - самый плотный и тяжелый тип почвы, который плохо дренируется и не дает корням растений пространства для процветания.

Рис3.1 Глинистая почва

Характеристики глинистой почвы:

Хотя различные почвы имеют широкий спектр цветов, текстур и других отличительных особенностей, существует только три типа почвенных частиц, которые геологи считают отличительными. Качество почвы зависит от количества содержащихся в ней песка, суглинка и глины, поскольку почвы с разным содержанием этих частиц часто имеют совершенно разные характеристики. С почвой, содержащей большое количество глины, иногда трудно работать из-за некоторых ее свойств.

Размер частиц

Глина имеет самый маленький размер частиц среди всех типов почв, причем отдельные частицы настолько малы, что их можно рассмотреть только в электронный микроскоп. Это позволяет большому количеству глинистых частиц существовать в относительно небольшом пространстве, без зазоров, которые обычно присутствуют между более крупными частицами почвы. Эта особенность играет большую роль в гладкой текстуре глины, поскольку отдельные частицы слишком малы, чтобы создать в ней шероховатую поверхность.

Структура

Из-за малого размера частиц глинистой почвы ее структура, как правило, очень плотная. Частицы обычно сцепляются друг с другом, образуя глинистую массу, через которую трудно пробиться корням растений. Из-за этой плотности глинистая почва толще и тяжелее других типов почв, и глинистая почва дольше прогревается после периодов холодной погоды. Эта плотность также делает глинистые почвы более устойчивыми к эрозии, чем почвы на основе песка или суглинка.

Органический контент

Глина содержит очень мало органических веществ, поэтому для выращивания растений в тяжелой глинистой почве часто требуется добавление удобрений. Без добавления органического материала в глинистой почве обычно не хватает питательных веществ и микроэлементов, необходимых для роста и фотосинтеза растений. Минеральные глинистые почвы могут быть щелочными по своей природе, что приводит к необходимости внесения дополнительных поправок, чтобы сбалансировать pH почвы перед посадкой растений, которые предпочитают нейтральный pH. Важно проверить глинистую почву перед посадкой, чтобы определить pH почвы, а также недостаток таких важных питательных веществ, как азот, фосфор и калий.

Водопроницаемость и водоудерживающая способность

Одной из проблем глинистой почвы является ее медленная проницаемость, что приводит к очень большой водоудерживающей способности. Поскольку частицы почвы маленькие и расположены близко друг к другу, воде требуется гораздо больше времени, чтобы пройти через глинистую почву, чем через другие типы почв. Затем глинистые частицы впитывают воду, расширяясь при этом и еще больше замедляя ее движение через почву. Это не только препятствует проникновению воды вглубь почвы, но и может повредить корни растений, поскольку частицы почвы расширяются.

Идентификация глины

Существует несколько тестов, которые можно использовать для определения глинистых почв. Если растереть глину между пальцами, то она становится скользкой и может прилипать к пальцам или оставлять разводы на коже. При растирании глинистая почва часто приобретает блестящий вид, в отличие от грубой текстуры, которую можно увидеть на других почвах. Глинистые почвы плохо крошатся, и образец глины обычно можно слегка растянуть, не сломав. При намокании глинистые почвы становятся скользкими и липкими; из-за медленной проницаемости почвы вода может ненадолго задерживаться в ней до впитывания. Визуально глинистые почвы кажутся твердыми, без прозрачных частиц, и могут иметь отчетливый красный или коричневый цвет по сравнению с окружающей почвой.

ЛЕТИТЕ В АШ:

Летучая зола - это тонкодисперсный остаток, образующийся при сжигании пылевидного угля и выносимый из камеры сгорания выхлопными газами. Летучая зола образуется на электро- и парогенераторах, работающих на угле. Обычно уголь измельчают и вместе с воздухом вдувают в камеру сгорания котла, где он немедленно воспламеняется, выделяя тепло и образуя расплавленный минеральный остаток. Трубы котла отводят тепло из котла, охлаждая дымовые газы и заставляя расплавленный минеральный остаток затвердевать и образовывать золу. Крупные частицы золы, называемые донной золой или шлаком, оседают на дно камеры сгорания, а более легкие мелкие частицы золы, называемые летучей золой, остаются во взвешенном состоянии в дымовых газах. Перед отводом дымовых газов летучая зола удаляется с помощью устройств контроля выбросов твердых частиц, таких как электростатические осадители или фильтрующие тканевые рукава.

ХАРАКТЕРИСТИКИ ЛЕТУЧЕЙ ЗОЛЫ:

Размер и форма. Летучая зола обычно мельче портландцемента и извести. Летучая зола состоит из иловых частиц сферической формы, размер которых обычно колеблется между 10 и 100 микронами (Рисунок 1-2). Эти маленькие стеклянные сферы улучшают текучесть и обрабатываемость свежего бетона. Тонкость - одно из важных свойств, способствующих пуццолановой реактивности летучей золы.

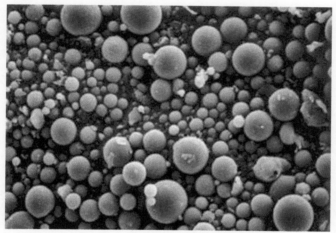

Рис. 3.2 Частицы летучей золы при увеличении в 2 000 раз

Летучая зола состоит в основном из оксидов кремния, алюминия, железа и кальция. В меньшей степени присутствуют также магний, калий, натрий, титан и сера. При использовании в качестве минеральной добавки в бетон летучая зола классифицируется как зола класса С или класса F в зависимости от ее химического состава. Американская ассоциация государственных служащих автомобильного транспорта (AASHTO) M 295 [Спецификация С 618 Американского общества по испытаниям и материалам (ASTM)] определяет химический состав золы класса С и класса F. Зола класса С

23

обычно получается из суббитуминозных углей и состоит в основном из алюмосульфатного стекла кальция, а также кварца, трехкальциевого алюмината и свободной извести (CaO). Золу класса C также называют золой с высоким содержанием кальция, поскольку она обычно содержит более 20 % CaO. Зола класса F обычно образуется из битуминозных и антрацитовых углей и состоит в основном из алюмосиликатного стекла, в котором также присутствуют кварц, муллит и магнетит. Зола класса F, или низкокальциевая зола, содержит менее 10 процентов CaO.

ГЛАВА 4

ПРОВЕРЕНО ПРОВЕДЕНО

В этой главе рассматриваются все испытания, проведенные на грунте согласно соответствующему кодексу IS. Краткое описание процедур испытаний приведено ниже: Список испытаний, проведенных для исследования, приведен ниже:

1. Предел жидкости
2. Предел пластичности
3. Индекс свободных колебаний
4. Ситовой анализ
5. Уплотнение
6. Калифорнийский тест на коэффициент несущей способности

ПРЕДЕЛ ЖИДКОСТИ

- Предел был определен в соответствии с IS:2720-1985.

- Тщательно перемешайте образец с водой в стеклянной тарелке для выпаривания, чтобы получилась однородная паста.

- Перемешивание следует продолжать в течение 15-30 минут, пока не получится однородная смесь.

- Поместите его в чашу прибора и разровняйте лопаткой.

- Вырежьте канавку в образце в чашке с помощью соответствующего инструмента.

- Протяните пазовый инструмент через пасту в чашке вдоль симметричной оси, по диаметру через центральную линию чашки.

- Держите инструмент перпендикулярно чашке. Поверните рукоятку прибора со скоростью 2 оборота в секунду.

- Подсчитайте количество ударов до тех пор, пока две половинки образца грунта не соприкоснутся на дне желобка благодаря течению, а не скольжению.

- Удалите оставшуюся почву из чашки. Смешайте ее с почвой, оставшейся в испарительной посуде. Измените содержание воды в смеси в испарительной посуде, добавив больше воды, если содержание воды должно быть увеличено.

- Повторите эти действия и определите количество ударов (N) и содержание воды в каждом случае.

- Постройте кривую течения между log N и w и определите предел жидкости.

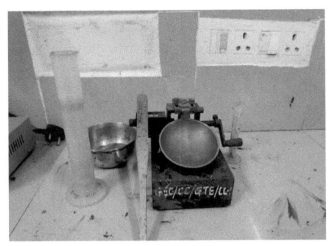

Рис4.1 Прибор для определения предельного уровня жидкости Касагранде

ПЛАСТИКОВЫЙ ПРЕДЕЛ

Предел пластичности определялся в соответствии с IS: 2720 (часть 6) -1972.

Предел пластичности - это содержание влаги, при котором масло, свернутое в нить наименьшего возможного диаметра, начинает крошиться и имеет диаметр 3 мм. Предел пластичности выражается в виде целого числа путем получения среднего значения влажности предела пластичности.

ДИФФЕРЕНЦИАЛЬНЫЙ ИНДЕКС СВОБОДНОГО НАБУХАНИЯ (DFSI)

Для определения индекса свободного набухания почвы в соответствии с IS : 2720(Part XL)- 1977. Свободный колодец или дифференциальный свободный колодец также называется индексом свободного набухания и представляет собой увеличение объема почвы без каких-либо внешних ограничений при погружении в воду.

Индекс свободной выпуклости=[Vd-Vk]/Vk* 100%

Где,

V_d = объем образца почвы, отсчитанный из градуированного цилиндра с дистиллированной водой.

Vk = объем образца почвы, отсчитанный из градуированного цилиндра, содержащего воду с керосином.

ГРАНУЛОМЕТРИЧЕСКИЙ АНАЛИЗ

Фракции почвы, сохранившиеся на сите 4,75 мм и прошедшие через него, должны быть отобраны для анализа отдельно. Высушите образец почвы в термостатической печи горячим воздухом при температуре 105-110С. Взвесьте часть образца почвы, оставшуюся на сите 4,75 мм, и запишите массу. Просеять образец через сито размером 4,75 мм и выше. Между ситами могут быть установлены другие сита, в зависимости от того, какую дополнительную информацию необходимо получить. Сита должны перемешиваться, и любые частицы могут быть проверены, чтобы убедиться, что они пройдут через них, но они не должны проталкиваться через них. Запишите массу, оставшуюся на каждом сите. Если окажется, что образец содержит более 5% влаги, необходимо определить содержание воды и соответственно скорректировать массу. Если почва содержит более 20% частиц гравия, а мелкие частицы очень связные, и значительное их количество прилипает к гравию после отделения, гравий должен быть промыт на сите 4,75 мм с использованием раствора гекса-мета-фосфата натрия.

Часть почвы, прошедшая через сито 4,75 мм, должна быть высушена в печи при температуре 105-115°С. Взвесьте эту массу почвы с точностью до 0,1% от общей массы и запишите массу. Выложите этот материал в большой поднос или ведро и залейте водой.

Промойте замоченный образец почвы на 75-микронном сите до тех пор, пока проходящая вода не станет практически чистой.

Оставшуюся на сите фракцию следует опробовать, высушить в печи и просеять через гнездо с ситами 2 мм, 425 микрон и 75 микрон. Фракцию, оставшуюся на каждом сите, взвешивают отдельно и записывают массу.

СТАНДАРТНОЕ ИСПЫТАНИЕ НА УПЛОТНЕНИЕ С ПОМОЩЬЮ ПРОКТОРОВ

Уплотнение - это процесс, который приводит к увеличению плотности или удельного веса почвы, сопровождающийся уменьшением объема воздуха.

Содержание воды обычно не изменяется. Степень уплотнения измеряется сухим удельным весом и зависит от содержания воды и усилия уплотнения (вес молотка, количество ударов, вес катка и количество проходов). Для данного усилия уплотнения максимальный вес сухой единицы продукции достигается при оптимальном содержании воды.

Уплотнение применяется при строительстве оснований дорог, взлетно-посадочных полос, земляных дамб, насыпей и армированных земляных валов. В некоторых случаях уплотнение может использоваться для подготовки ровной поверхности под строительство зданий. Грунт укладывается слоями, толщина которых обычно составляет от 75 до 450 мм. Каждый слой уплотняется до определенного стандарта с помощью катков, вибраторов или трамбовок.

Цели уплотнения

Уплотнение может применяться для улучшения свойств существующего грунта или в процессе укладки наполнителя. Основными целями являются:

- Повышают прочность на сдвиг и, следовательно, несущую способность
- Повышение жесткости и, следовательно, уменьшение будущей осадки
- Уменьшение коэффициента пустотности и, следовательно, проницаемости, что снижает потенциальное морозное пучение

Факторы, влияющие на уплотнение

На степень возможного уплотнения влияет ряд факторов:

- Характер и тип почвы, т.е. песок или глина, градация, пластичность
- Содержание воды на момент уплотнения
- Условия на участке, например, погода, тип участка, толщина слоя
- Уплотняющее усилие: тип установки (вес, вибрация, количество проходов)

Виды уплотнения

- Ролик с гладкими колесами
- Ролик для сетки
- Валик для овечьих ног
- Ролик с пневматическим приводом
- Вибрационная пластина

Процедура:

•   Стандартная прокторная форма очищается, высушивается и слегка смазывается жиром.

•   Берется масса пустой формы с опорной плитой, но без воротника.

•   Возьмите около 2,5 кг обработанной почвы и уложите ее в форму в 3 равных слоя.

•   Сначала возьмите примерно одну треть объема и уплотните его, сделав 25 ударов трамбовкой.

•   Удары должны быть равномерно распределены по поверхности каждого слоя.

•   Верхняя поверхность первого слоя царапается шпателем перед укладкой второго слоя.

•   Второй слой также должен быть уплотнен 25 ударами трамбовки.

•   Аналогичным образом уложите третий слой и уплотните его. Снимите воротник и обрежьте излишки грунта, выступающие над формой, с помощью прямой кромки.

•   Очистите базовую плиту и форму снаружи. Взвесьте ее с точностью до грамма. Удалите почву из формы. Почва также может быть выброшена наружу.

•   Возьмите образцы почвы для определения содержания воды из верхней, средней и нижней частей.

•   Определите содержание воды. Добавьте около 3% воды в свежую порцию обработанной почвы и повторите процедуру.

Рис. 4.2 Форма для уплотнения

Рис4.3 Испытание на уплотнение

Испытание на уплотнение проводилось в следующем составе, представленном в таблице 4.1

Таблица4.1Состав проведенного теста

S.No	Состав образца/теста
1	2,5 кг почвы + 0% золы
2	2,5 кг почвы + 5% золы
3	2,5 кг почвы + 10% золы
4	2,5 кг почвы + 15% золы
5	2,5 кг почвы + 20% золы
6	2,5 кг почвы + 25% золы

Рис4.4Проведение теста на уплотнение

КАЛИФОРНИЙСКИЙ ТЕСТ НА КОЭФФИЦИЕНТ НЕСУЩЕЙ СПОСОБНОСТИ (CBR)

Испытание CBR проводится на образце грунта, подготовленном при O.M.C и M.D.D в соответствии с IS2720, часть XVI (1979). Нагрузка прикладывается с помощью нагрузочной рамы через плунжер диаметром 50 мм к образцу в форме, уплотненному до максимальной сухой плотности при оптимальном содержании влаги. Для измерения пенетрации используются циферблатные манометры. Замешивание производится вручную, форма для CBR очищается и высушивается. Смесь укладывается в форму в пять слоев; каждый слой уплотняется 56 ударами трамбовки весом 4,9 кг при свободном падении на 450 мм над поверхностью почвы. После уплотнения пятого слоя форма помещается в аппарат CBR под плунжер для проведения испытания. Испытание заключается в том, что плунжер проникает в образец со скоростью 1,25 мм в минуту. Нагрузка, необходимая для проникновения на 2,5 мм и 5 мм, регистрируется кольцом, прикрепленным к плунжеру. Нагрузка выражается в процентах от стандартной нагрузки при соответствующем уровне деформации и называется калифорнийским коэффициентом несущей способности (CBR). Значение CBR определяется как для 2,5 мм, так и для 5 мм проникновения, и большее значение используется для проектирования.

CBR%= (испытательная нагрузка / стандартная нагрузка) x 100

Рис4.5 Лабораторное оборудование для испытания коэффициента несущей способности в Калифорнии

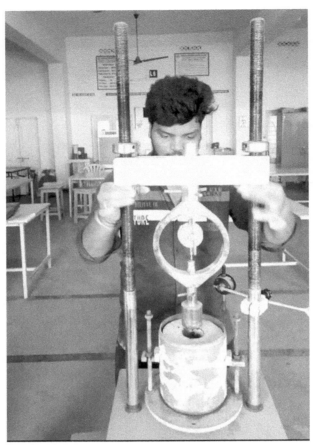

Рис4.6 Подготовка испытательной установки для определения коэффициента несущей способности Калифорнии

ГЛАВА 5

ОБСУЖДЕНИЕ РЕЗУЛЬТАТОВ ИСПЫТАНИЙ

ВВЕДЕНИЕ

В этой главе мы кратко расскажем о результатах, полученных в ходе вышеупомянутых экспериментов.

СВОЙСТВА ПОЧВЫ

Для определения сухой плотности и толщины дорожного покрытия были проведены испытания грунта на уплотнение по классификации I.S. и калифорнийское испытание на коэффициент несущей способности. Грунт классифицируется как "CH" в соответствии с классификацией I.S. Результаты, относящиеся к характеристикам уплотнения, представлены в следующем подразделе, а результаты, относящиеся к характеристикам CBR, представлены в последующем подразделе.

ПРЕДЕЛ ЖИДКОСТИ

Предел жидкости определяется как содержание влаги, при котором почва начинает вести себя как жидкий материал и начинает течь. В лаборатории предел текучести определяется как содержание влаги, при котором две стороны канавки, образованной в почве, сходятся и соприкасаются на расстоянии 12 мм при 25 ударах.

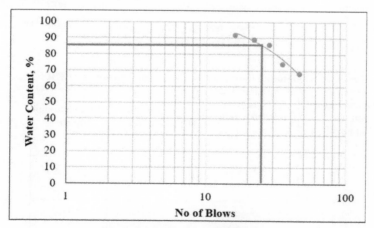

Рис5.1 Предел текучести грунта

ПЛАСТИКОВЫЙ ПРЕДЕЛ

Предел пластичности - это содержание воды, при котором грунт переходит из пластичного состояния в полутвердое. Для целей определения предел пластичности определяется как содержание воды, при котором грунт начинает крошиться при скатывании в нить диаметром 3 мм.

Предел пластичности образца почвы, взятого в рамках проекта, составил 43,21%.

ИНДЕКС ПЛАСТИЧНОСТИ

Численная разница в содержании воды между пределом жидкости и пределом пластичности называется индексом пластичности. Зная предел жидкости и индекс пластичности, почва может быть классифицирована как СН (глина с высокой сжимаемостью) с помощью диаграммы пластичности в соответствии с Индийской стандартной классификацией почв (IS1498-1970).

Индекс пластичности почвы = 37,99% Таким образом, классификация почв будет СН

ОСВОБОЖДАЕТ ИНДЕКС СКВАЖИНЫ

Значение индекса свободной скважины почвы составило 100%, что можно считать очень сильным вспучиванием, согласно таблице 5.1, приведенной ниже.

Таблица 5.1 Общий диапазон значений в зависимости от FSI

Освобождает индекс скважины	Степень выразительности	Предел жидкости	Пластиковый предел
<20	Низкий	0-50%	0-35%
20-30	Умеренный	40-60%	25-50%

35-30	Высокий	50-75%	35-65%
>50	Очень высокий	>60%	>45%

ГРАНУЛОМЕТРИЧЕСКИЙ АНАЛИЗ

Сухой и мокрый ситовой анализ проводится для количественного определения распределения частиц/зерен по размерам для частиц почвы размером 75 микрон и более. Для частиц почвы размером 4,75 мм и более проводится сухой ситовой анализ, а для частиц почвы размером более 75 микрон и менее 4,75 мм необходим мокрый ситовой анализ, если частицы почвы покрыты глиной/илом. После проведения мокрого и сухого ситового анализа мы получаем результат - почва плохо сортирована.

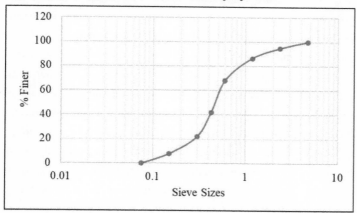

Рис.5.2 Гранулометрический состав почвы Таблица 5.2 Свойства почвы

Недвижимость	Значения
Гравий, %	0.0
Песок, %	5.78
Глина и ил, %	94.22
Предел жидкости (%) (WL)	81.20

Предел пластичности (%) (Wp)	43.21
Индекс пластичности (Ip)	37.99
Классификация почв	CH
Индекс свободного набухания (%)	100

ИСПЫТАНИЕ НА УПЛОТНЕНИЕ

Уплотнение почвы - это процесс, при котором частицы почвы искусственно располагаются и упаковываются в более тесное состояние контакта с помощью механических средств, чтобы уменьшить коэффициент пустотности почвы и, таким образом, увеличить ее сухой удельный вес. Тест Проктора на уплотнение - это лабораторный метод экспериментального определения оптимального содержания влаги, при котором данный тип грунта становится наиболее плотным и достигает максимальной сухой плотности. Тест назван в честь Ральфа Роско Проктора, который в 1933 году показал, что сухая плотность масла при заданном уплотняющем усилии зависит от количества воды, содержащейся в почве во время ее уплотнения. Его оригинальный тест чаще всего называют стандартным тестом на уплотнение по Проктору; позже его тест был усовершенствован для создания модифицированного теста на уплотнение по Проктору. Уплотнение можно определить как уплотнение почвы путем удаления воздуха и перегруппировки частиц почвы под действием механической энергии. Энергия, возникающая при уплотнении, заставляет грунт заполнять имеющиеся пустоты, а дополнительная сила трения между частицами грунта улучшает его механические свойства. Поскольку для заполнения всех имеющихся пустот требуется широкий спектр частиц, хорошо утрамбованные грунты уплотняются лучше, чем плохо утрамбованные.

Степень уплотнения почвы может быть измерена ее сухим удельным весом, γd. Когда в почву добавляется вода, она действует на частицы почвы как размягчающее вещество, заставляя их легче скользить между собой. Сначала сухой удельный вес после уплотнения увеличивается по мере увеличения содержания влаги (ω), но после превышения оптимального процентного содержания влаги (ωopt) любая добавленная вода приводит к уменьшению сухого удельного веса, поскольку давление поровой воды (давление воды внутри каждой частицы почвы) будет толкать частицы почвы друг к другу, уменьшая трение между ними. Свойства почвы при уплотнении представлены на рисунке 5.3.

Таблица 5.3 Значения уплотнения почвы

Sl No	Содержание воды, %	Сухая плотность, г/куб. см
1	13.547	1.211
2	16.613	1.217
3	22.574	1.230
4	27.126	1.260
5	34.714	1.220
6	39.186	1.167

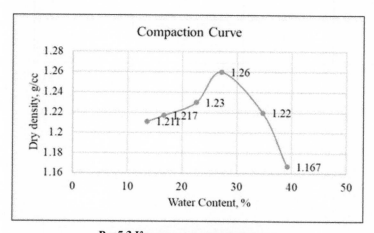

Рис5.3 Кривая уплотнения почвы

Свойства уплотнения почвы при добавлении золы представлены на рис. 5.4, где показано, что содержание влаги увеличивается с увеличением процентного содержания золы в почве, а также максимальная сухая плотность также увеличивается с увеличением процентного содержания золы. В таблице 5.4 приведены значения оптимального содержания влаги и максимальной сухой плотности почвы при добавлении летучей золы в различных процентных соотношениях: 0, 5, 10, 15, 20, 25 процентов.

Таблица 5.4 Значения МПК и МДД для почвы, обработанной золой уноса

Sl No	Добавление летучей золы (%)	Оптимальное содержание влаги (%)	Максимальная сухая плотность (г/куб. см)
1	0	27.126	1.260
2	5	27.672	1.315
3	10	28.963	1.334
4	15	29.412	1.362
5	**20**	**30.694**	**1.400**
6	25	32.210	1.360

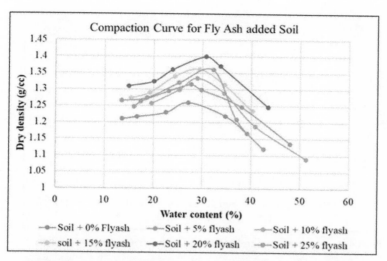

Рис5.4 Кривая уплотнения почвы с добавлением летучей золы

На рис. 5.5 и 5.6 представлены изменения оптимального содержания влаги и максимальной сухой плотности. При изменении оптимального содержания влаги значение постоянно увеличивается, что может быть связано с увеличением содержания мелкой летучей золы в смеси грунта и летучей золы. С другой стороны, максимальная сухая плотность также увеличивается, что говорит о более высокой плотности летучей золы по сравнению с почвой.

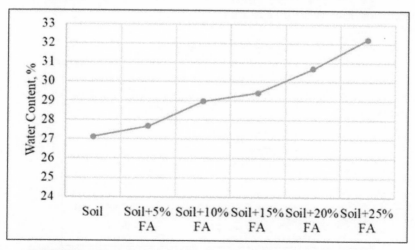

Рис5.5 Изменение значений ОМС при процентном изменении ФА

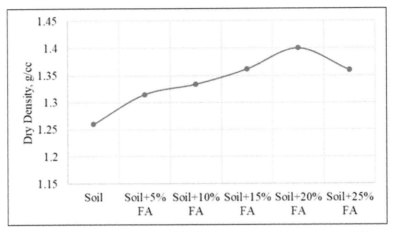

Рис5.6 Изменение значений MDD при процентном изменении FA

КАЛИФОРНИЙСКИЙ КОЭФФИЦИЕНТ НЕСУЩЕЙ СПОСОБНОСТИ БЕЗ ПЕРИОДА ОТВЕРЖДЕНИЯ

Результаты калифорнийского коэффициента несущей способности (CBR) ясно показывают, что добавление летучей золы повлияло на значение CBR. Повышение прочности почвы в CBR благодаря добавлению летучей золы связано с явлениями связывания почвы, так как летучая зола способствует цементированию между частицами почвы. На рис. 5.7 и 5.8 представлено изменение CBR в зависимости от % флиаша.

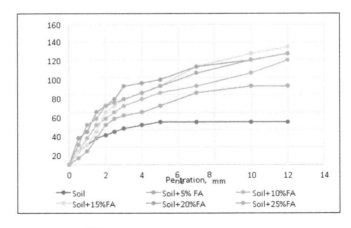

Рис 5.7 Графики CBR грунта с различным процентным содержанием золы-уноса (без отверждения)

Таблица 5.5 Значения CBR почвы, обработанной флиашем, без периода отверждения

Sl No.	Описание	Значение CBR
1	Почва	2.19
2	Почва+5%ФА	3.83
3	Почва+10%ФА	4.56
4	Почва+15%ФА	4.93
5	**Почва+20% FA**	**5.47**
6	Почва+25%ФА	5.20

Рис 5.8 Изменение значения CBR при изменении процентного содержания флиаша без периода отверждения

КАЛИФОРНИЙСКИЙ КОЭФФИЦИЕНТ НЕСУЩЕЙ СПОСОБНОСТИ С ПЕРИОДОМ ОТВЕРЖДЕНИЯ

Как правило, летучая зола, будучи цементирующим материалом, увеличивает связывающую способность с периодом твердения аналогично цементу. Здесь мы также залили форму для CBR до ее плотности и оставили для отверждения на 7 дней, после чего форма была оставлена для замачивания в воде, как обычно при проведении испытаний CBR. На рис. 5.9 показаны графики CBR для различных процентных содержаний золы-уноса, а на рис. 5.10 - изменение значений CBR при процентном изменении золы-уноса.

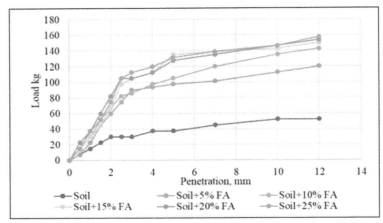

Рис 5.9 Графики CBR грунта с различным процентным содержанием золы-уноса (с отверждением)

Таблица 5.6 Значения CBR грунта, обработанного золой уноса, в зависимости от периода отверждения

Sl No	Описание	Значение CBR
1	Почва	2.74
2	Почва+5%ФА	5.47
3	Почва+10%ФА	6.02
4	Почва+15%ФА	7.12
5	**Почва+20% FA**	**7.66**
6	**Почва+25% FA**	**7.66**

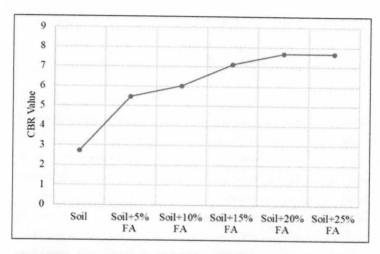

Рис5.10Изменение значения CBR в зависимости от процентного содержания флиаша с периодом отверждения

ГЛАВА 6

ВЫВОДЫ

РЕЗЮМЕ

Глинистые почвы очень чувствительны к влаге, и их стабильность в значительной степени зависит от степени уплотнения, достигаемой при уплотнении. Глинистые грунты часто гидрофобны, и их трудно экономически эффективно увлажнить для уплотнения. В литературе описано множество строительных и послестроительных проблем, когда глинистые грунты использовались без понимания их аномального поведения, особенно их низкой несущей способности в естественном состоянии. Прочность этих грунтов еще больше снижается при замачивании. Отложения глинистых грунтов занимают обширные территории в центральном Иране и связаны с такими геотехническими проблемами, как чрезмерная дифференциальная осадка, склонность к потере прочности и разрушению при увлажнении. Из-за этих характеристик некоторые дороги, построенные на глинистых почвах в районе Талегана, подверглись разрушению в виде трещин и оползней. Проектирование и строительство гражданских сооружений на глинистых почвах и с их использованием является сложной задачей для инженеров-строителей. Для решения проблем, связанных с глинистыми грунтами, были предложены различные инновационные методы.

Для улучшения инженерного поведения грунтов в инженерно-геологической практике существует несколько методов улучшения. Тот факт, что выбор любого из этих методов для решения любой задачи может быть сделан только после сравнения с другими методами, доказывает, что этот метод хорошо подходит для конкретной системы. В мелкозернистых грунтах химические методы стабилизации и методы армирования хорошо подходят для улучшения их инженерного поведения и снижения чувствительности к факторам окружающей среды. Однако эти и многие другие методы оказались успешными лишь отчасти, поэтому попытки разработать более совершенные методики продолжаются. Кроме того, большинство этих работ проводилось в лабораторных условиях, в контролируемых условиях на повторно отформованных образцах и, следовательно, не может имитировать многие из полевых условий. Несмотря на многолетнюю практику и исследования, экономичное и удовлетворительное решение проблем, связанных с экспансивным грунтом, продолжает ускользать от исследователей и инженеров-практиков.

ВЫВОДЫ

1. Из лабораторных исследований видно, что оптимальное содержание влаги и максимальная сухая плотность увеличиваются с увеличением процентного содержания летучей золы.

2. Наблюдается, что оптимальное содержание влаги для различных процентных смесей с летучей золой увеличилось на 2% при добавлении 5% летучей золы, 6% при добавлении 10% летучей золы, 8% при добавлении 15% летучей золы, 13% при добавлении 20% летучей золы и 18% при добавлении 25% летучей золы.

3. Наблюдается, что максимальная сухая плотность для различных процентных смесей с летучей золой увеличилась на 4% для 5% летучей золы, 5% для 10% летучей золы, 8% для 15% летучей золы, 11% для 20% летучей золы и снизилась на 7% для 25% добавок летучей золы.

4. Значения коэффициента несущей способности по Калифорнии также увеличились с заметной эффективностью при добавлении летучей золы в различных процентных соотношениях с периодом твердения 7 дней до замачивания и без него.

5. Значения коэффициента несущей способности по Калифорнии увеличивались при изменении процентного содержания добавляемой муки: 74% для 5% муки, 108% для 10% муки, 125% для 15% муки, 149% для 20% муки и уменьшались на 139% для 25% муки без учета периода твердения.

6. Значения коэффициента несущей способности по Калифорнии увеличивались при изменении процентного содержания летучей золы: 99% для 5% летучей золы, 119% для 10% летучей золы, 159% для 15% летучей золы, 179% для 20% летучей золы и 179% для 25% летучей золы с периодом твердения до замачивания.

ССЫЛКИ

➤ Амин Эсмаил Рамаджи. "Обзор стабилизации почвы с помощью недорогих методов", Journal of Applied Sciences Research8(4):2193-2196 - апрель 2012 г.

➤ Анкит Сингх Неги, Мохаммед Файзан, Девашиш Пандей Сиддхарт, Реханджот Сингх. "Стабилизация почвы с помощью извести", Международный журнал инновационных исследований в области науки, техники и технологий, том 2, выпуск 2, февраль 2013 г.

➤ Тарх Рима и Аджанта Калита. "Прочностные характеристики красных почв, смешанных с золой-уносом и известью". Международный журнал инновационных исследований в области науки, техники и технологий, сертифицированный ISO 3297: 2007 Том 3, Специальный выпуск 4, март 2014 г.

➤ Гаеш Панчал, Авинеш Кумар. "Свойства грунта для строительства тротуаров". Международный журнал инновационных исследований в области науки, техники и технологий (сертифицированная организация AnISO 3297:2007) Том 4, Выпуск 9, Сентябрь 2015.

➤ Джеймс Александр. С, Антони Годвин, Александр. "Исследование поведения цементного бетона на красном грунте". Международный журнал достижений в области машиностроения и гражданского строительства, ISSN: 2394-2827 Том-3, Выпуск-3, июнь -2016

➤ Прагьян Мишра и П Суреш Чандра Бабу. "Улучшение геотехнических свойств красного грунта с помощью отходов пластика". Международный журнал инженерных тенденций и технологий (IJETT) - Том 48 Номер 7 Июнь 2017.

➤ Профессор П.В.В. Сатьянараяна, Суманджали Парими, Свати Прия, Джахара. "Исследование пригодности красной земли и гравия, стабилизированных пылью дробилки, в качестве материала для основания и подстилающего слоя". SSRG Международный журнал гражданского строительства (SSRG- IJCE) - том 5 Выпуск 4 - апрель 2018.

➤ P.V.V Satyanarayana, Gopala Krishnan Vaidyanathan, P.S. Naidu.

"Инженерные свойства красных гравийных грунтов в северных прибрежных районах штата Андхра-Прадеш". IOSR Journal of Mechanical and Civil Engineering (IOSR-JMCE) e-ISSN: 2278-1684.

➢ Бяо Цзэн, Линь-фэн Ван, Юнь Тянь, Тао-рю Цзэн и Бинг Ли. "Исследование характеристик уплотнения и контроля строительства смесей красной глины и гравия". Advances in Civil Engineering Volume 2018.

➢ Саи Харшита М. "Стабилизация почвы с помощью извести". Международный журнал исследований в области прикладной науки и инженерных технологий (IJRASET), том 6, выпуск I, январь 2018 г.

➢ I.S: 2720, часть VII, (1980), Определение отношения плотности к содержанию воды и сухости с помощью легкого уплотнения.

➢ I.S:2720-PartIII, SectionI,1980, Определение удельного веса.

➢ I.S:2720-Part IV, 1975, Определение распределения зерен по размерам.

➢ Раджасекаран. G и Narasimha Rao. S (2000), Характеристики прочности морской глины, обработанной известью, Журнал по благоустройству территорий, том 3, стр. 127-136.

➢ Раджасекаран. G и Narasimha Rao. S (2002), поведение сжимаемости морской глины, обработанной известью, Океанотехника, 29,545-559.

➢ Раджасекаран. G и Narasimha Rao. S (2002), Характеристики проницаемости морской глины, обработанной известью, Океанотехника, 24(2), 113-127.

➢ IS: 2720-Part XVI(1987) Лабораторное определение CBR, Бюро индийских стандартов, Нью-Дели, Индия

➢ Appora, K.P. (2001), Механика грунтов и фундаментостроение. Р.Д. Хольц и В.Д. Ковач, Введение в геотехническое строительство. New York: Prentice Hall, 1981.

➢ Баласубраманиам, А.С., Бергадо, Д.Т., Буэнсукесо, Б.Р. и Янг, В.С. (1989), Прочностные и деформационные характеристики мягких глин, обработанных известью, Геотехническая инженерия (AIT), 20, 1989, стр. 49-65.

➤ Basack и Purkayastha (2009), Инженерные свойства морских глин с восточного побережья Индии. Журнал инженерных и технологических исследований, том 1 (6), стр. 109-114, сентябрь, 2009.

➤ Касангрейн, А. "Структура глины и ее значение для строительства фундаментов", Журнал Бостанского общества инженеров-строителей, том 19, 1932 г.

➤ Чен, Ф. Х. (1988), "Фундаменты на расширяющихся грунтах", Чен и партнеры, Публикации Эльзевир, США.

➤ Окумара, Т., Тераши, М. и Дип (1975), метод стабилизации морских глин с помощью известковых смесей, Труды 5th Азиатской региональной конф. по механике грунтов и фундаментостроению, Бангалор, том 2, 1975, стр.69-76.

➤ Прасада Раджу, Г.В.Р. (2001), Оценка характеристик гибких дорожных покрытий с армированием и химической стабилизацией грунтового основания, докторская диссертация, Университет Какатия, Варангал, А.П.

Milton Keynes UK
Ingram Content Group UK Ltd.
UKHW010711280324
440307UK00001B/77

9 786207 274949